Michael Jessner

Dumme Gedanken gereimt

Herstellung und Verlag:
BoD – Books on Demand, Norderstedt
ISBN: 978-3-7494-5196-8

Inhalt

Vom Biertrinken

Wenn ich abends schlafen geh',
im Geist den Tag noch einmal seh',
erfreulich war auch dieser Tag
trotz mancher Sorgen, mancher Plag',
denn das Beste gönnt ich mir:
ein frisch gebrautes, gutes Bier!

In Nestroys Stück der „bösen Knaben"
hört man schon den Willi sagen:
„Der Mensch sei auch ein Säugetier,
es saugt das Männchen Wein und Bier,
das Weibchen liebt mehr den Kaffee!"
So war es wohl seit eh und je.

Und beschwert durch gutes Bier,
waren 's drei, vielleicht auch vier,
(ach, wer weiß das schon genau
außer meiner lieben Frau)
geh' ich eilends in mein Bettchen,
bevor ich tret' in ein Fettnäpfchen!

Was ist denn mit den Bodenplanken,
wie sie wackeln, wie sie schwanken,
vier Bier, ich glaub' es waren mehr,
wo käme sonst der Seegang her?
So begeb' ich mich zur Ruh'
und decke meinen Bierbauch zu.

Der Hopfen wirkt, ich schlaf' schnell ein
und schon beginnt ein Träumelein.
Entrückt auf Wolke Nummer sieben,
- im Brauhaus wär' ich lieber blieben -
oh sieh: Der Herr will mich belohnen,
ich träum' von Bier mit Schaumeskronen.

War die eine Maß dann leer,
bringen Englein d' nächste her.
Da bitt' ich mit erhob'nen Händen:
Dieser Traum soll niemals enden!
Denn eines weiß ich ganz gewiss:
So schön ist 's nur im Paradies!

Doch auch hier die Schlange züngelt,
wenn der Wecker alsbald klingelt.
Aus der Traum, mir tut 's noch leid.
Trotzdem bleibt mir Fröhlichkeit.
Vom Magen kommen keine Klagen,
kein Kopfweh, keine andern Plagen.

So beginnt ein neuer Tag.
Was der wohl alles bringen mag?
Eines weiß ich sicherlich:
Abends bringt er Bier für mich!
Ja, Bier in Maßen ist gesund,
spricht sogar der Ärzte-Mund!

Vom Leben

Du wirst gezeugt, nicht nur in Liebe,
geschaffen durch die Macht der Triebe.
Jedoch egal, was kümmert 's dich,
du fühlst dich hier ganz wonniglich.

Geborgen in der Mutter Bauch,
behütet und geliebt wohl auch,
wächst du in der Mutter ran
im Paradies, so fühlt sich 's an.

Hoffentlich bleibst du verschont
und kannst hier leben, wie gewohnt.
Für die Hälfte wird 's fatal,
nach Häckseln geht 's in den Kanal.

Drei Monat haben Mütter Zeit,
falls die Schwangerschaft sie reut,
zu lösen deines Lebens Frist,
missachtend, dass ein Mensch du bist.

So wandelst du auf schmalem Steg,
zu oft macht man die Babys weg.
Hast du Glück, find'st du ein Pärchen,
das dir niemals krümmt ein Härchen.

Kommt endlich dann dein großer Tag,
für dich und Mutter eine Plag'.
Du verlässt dein Paradies
und findest diese Welt nur mies.

Aus ist das Schlaraffenleben,
laut wirst deine Stimm' erheben,
kriegst, obwohl du nichts getan,
auch noch Schläge hinten dran.

Nach der Geburt lachten sie alle,
Fröhlichkeit herrschte im Saale,
doch du weintest bitterlich,
fühltest ausgestoßen dich.

Für dich gibt 's eine neue Welt,
selbst wenn dir vieles nicht gefällt,
lern' sie schätzen, suche Gutes,
geh hinein, bleib frohen Mutes!

Denn eines wirst du schnell begreifen,
es gehört nun mal zum Reifen,
dass man immer lernen muss.
Dies schafft Leid, zugleich Genuss.

Du willst hüpfen wie ein Hase,
fällst dabei oft auf die Nase.
So lernst, im Leben ist es so,
auch kleine Schritte machen froh.

Ab und zu muss man probieren,
vielleicht das Gleichgewicht verlieren.
Hat man dann zu viel riskiert,
wird die Haltung revidiert.

Jeder lernt es mit den Jahren,
manche Träume lässt man fahren.
Wie ein Fuchs, vielleicht noch schlauer,
find' dich ab, die Frucht war sauer.

Man muss so viel im Leben lernen,
dumme Ansichten entfernen,
und trotzdem findest du am Schluss:
Das Leben war nicht nur ein „Muss".

Ach ja, Genuss ist nicht das Ziel
für den, der weiterkommen will.
Auf dass die Seele aufwärts steigt,
sich würdig für den Himmel zeigt.

Gereift in Güte und Verständnis.
Kleine Fehler sind kein Hemmnis,
um den Himmel zu erlangen.
Petrus lässt dich nicht lang' bangen.

Dort oben lebst du ohne Sorgen,
ohne Furcht, was kommt denn morgen.
So fühltest du dich einstens bloß
geborgen in der Mutter Schoß.

Hast du im Leben dich bewährt?
Schau nur, jetzt ist es verkehrt:
Bei der Geburt hast du geweint,
die Trauer nun die andern eint!

Von der Schule

Kinder können 's kaum erwarten,
wenn sie aus dem Kindergarten
in die Schule treten ein.
Neues lernen, oh wie fein.

Ja, anfangs sie das Lernen lieben,
wie steht es schon bei Busch geschrieben:
„Also lautet ein Beschluss,
dass der Mensch was lernen muss."

Müssen heißt denn oft auch Zwang,
still da sitzen stundenlang,
statt draußen sich herumzutreiben
müssen s' drinnen Aufgab'n schreiben.

Computerspiel'n wär' angesagt,
Lernen ist jetzt nicht gefragt.
Bewegungsdrang wird eingeschränkt,
die Freude rasch in Frust umschwenkt.

Lernen macht nur Strebern Spaß,
auf diese kriegt man einen Hass
und wird zuletzt fuchsteufelswild,
wird vorgehalten dies Vorbild.

Die Politik greift gerne ein,
lustig soll das Lernen sein.
Um Neues alsdann zu entdecken,
gibt 's in Klassen Kuschelecken.

Kinder tadeln wird verboten,
abgeschafft werden die Noten,
beurteilt wird nur noch verbal,
für Eltern, Kinder klingt das schal.

Will man richtig sich einstufen,
worauf soll man sich berufen?
Ach, Minister sind so g'scheit,
leider denken s' oft nicht weit.

Eins ist klar, was niemand will,
in der Schul' Kasernen-Drill.
Aber spielend rechnen, schreiben,
was wird da wohl hängen bleiben?

Weshalb beklagt die Wirtschaft dann,
was fang ich mit Lehrlingen an,
die so einfach gar nichts können?
Von diesen werde ich mich trennen.

Dass zwei mal zwei gar fünfe wär',
stört den Meister wirklich sehr.
Was will denn dieser gute Mann?
Sie waren doch ganz nahe dran.

Der Arbeitsplatz ist wieder futsch,
nun steht man da als armer Trutsch.
Wären Lehrer streng gewesen,
könnt' man Rechnen, Schreiben, Lesen.

Die Schule lehrt doch für das Leben,
was wurde hier denn weitergeben?
Das ganze Leben sei ein Spiel,
wen wundert 's, jeder Spaß nur will?

Der laute Arbeitsplatz nur stört,
Falsches im Betrieb empört,
schlechte Arbeit wird beschimpft,
wer hat dir „Coolness" eingeimpft?

Auf einmal hätte manches Wert,
was in der Schule war verkehrt:
exakte Arbeit, ohne Spiel,
dazu noch einen Schuss von Drill.

Im Leben lernt man schnellstens das:
Wichtig ist nicht nur der Spaß.
Solides Wissen jetzt nur zählt.
Kuscheleck' ins Eck man stellt.

Hat die Politik versagt,
wie von Älteren beklagt?
Kann man Stimmen sich erkaufen,
wirft man vieles über 'n Haufen.

Das Hergebrachte ist zu Recht,
weil es alt ist, nicht gleich schlecht.
Beim Neuen sei stets auf der Hut,
nicht alles Neue ist gleich gut.

Doch immer muss was Neues her,
das Alte stört die Ober'n sehr,
man braucht ja mehr gehob'ne Posten,
diese dürfen auch was kosten.

Bei den Lehrern wird gespart,
bei Büchern und der Klassenfahrt,
für Menschenbildung wenig bleibt,
weil 's Geld für „Fachleut" wird vergeigt.

Ich glaube, unsre Schul' war gut,
dies festzuhalten fehlte Mut.
Politikern geb' ich gern recht,
vielleicht war ihre Schule schlecht.

Von wegen „wollen" oder „müssen",
kann ich nur den Spruch begrüßen,
den meine Oma mich gelehrt,
ich glaube, der hat heut' noch Wert:

Ich will, das Wort ist mächtig,
ich muss, das Wort ist schwer.
Das eine spricht der Diener,
das andere der Herr.

Lass beide eins dir werden
im Leben, ohn' Verdruss,
das größte Glück auf Erden
ist wollen, wenn man muss!

Von Beziehungen

Ein Mädchen oft mit Puppen spielt,
dabei vielleicht zum Burschen schielt,
der mit Technik sich vergnügt,
so wird Verhalten eingeübt.

Das ging lange Zeiten gut,
doch heute haben Mädchen Mut.
Sie wollen nicht mehr ins Klischee
und tut 's auch manchen Männern weh.

Einer Frau gefällt ein Mann.
Sie lacht ihn unverhohlen an,
bevor er irgendwas begreift,
wird er schon kräftig eingeseift.

Stark und mächtig wie ein Baum
befinden Männer sich im Traum,
sie suchen sich die Frauen aus,
diese weiß, so wird nichts draus.

Manche Männer fürchten noch,
die Ehe wär' für sie ein Joch.
Die schlaue Frau es stets versteht,
dass diese Angst gar nicht entsteht.

Cool sein will ein jeder Mann,
im Kokon gefangen dann,
sieht er nicht mehr so genau,
was so fehlt bei dieser Frau.

Durch die Brille rosarot
glaubt er diese Frau sei flott.
Ihn zieht 's in ihre Arme hin;
soll er fragend vor ihr knien?

Schwer ist 's manchmal ihn zu haschen.
Es gibt ja immer wieder Flaschen,
die als Macho nicht vertragen,
wenn Frauen einen Anfang wagen.

Wie gesagt, in unsrer Zeit
sind die Frauen meist so weit,
dass sie die Männer sich aussuchen,
passt er nicht, muss er umbuchen.

Wie sollte sie sich vor ihm geben?
Die brave Freundin ihm vorleben?
Ehrenhaft oder versaut,
ob es ihm davor nicht graut?

Keuschheit ist nicht immer gut,
fordert wallend heißes Blut
recht heftig die Vereinigung
ohne die Bescheinigung.

Sie glaubt, er sieht nur Beine, Po,
die Männer seien nun mal so.
Bis Hormone sie bezwingen,
wird sein Werben kaum gelingen.

Beim Eisprung, wie man weiß,
werden auch die Stuten heiß,
nachher, mit Schüchternheit beladen,
suchen sie nach Kameraden.

Toll wär' 's, fände sie den Einen,
der alles kann in sich vereinen:
teils Hengst, teils Helfer oder Freund.
Genauso hat sie ihn erträumt.

Ewig währe ihre Treue,
ewig Liebe ohne Reue,
ewig auf den Andern achten,
ewig nach dem Einen schmachten.

Sind die beiden dann ein Paar,
ein Traum wird endlich für sie wahr,
die Herzen richtig aufgewühlt
sind von Liebe heiß erfüllt.

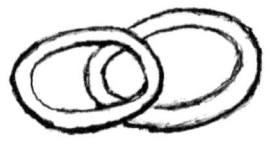

Auf den Andern ist man scharf,
nur Liebe, Sex ist ihr Bedarf.
Man braucht in dieser Phase eben
nur Luft und Liebe um zu leben.

Und weil die Liebe beide freut,
wird der Nachwuchs gleich gezeugt.
Und stolz sind diese Eltern schon
auf ihren allerersten Sohn.

Leider bleibt in dieser Welt
nichts so, wie es uns gefällt.
Das Strohfeuer gar bald erlischt,
der Alltag sie dann kalt erwischt.

Manches Paar versteht es gut,
legt nach und schürt an seiner Glut.
Sie nehmen nach dem Flächenbrand
ihr Schicksal mutig in die Hand.

Beharrlich pflegen sie die Liebe,
setzen nicht nur auf die Triebe.
Soll Liebe wie die Blumen sprießen,
muss man regelmäßig gießen.

Liebe ist nicht selbstverständlich,
will gepflegt sein und letztendlich
ist man täglich sehr bemüht,
dass diese Blume nicht verblüht.

Tust du nichts, kommt Alltagstrott,
dieser läuft ja halbwegs flott,
doch die Liebe frisch und munter
geht dabei den Bach hinunter.

Monogam sei Mann fast nie,
mancher schätzt Polyfonie.
Er glaubt, dass er dafür nichts kann,
er ist halt eben nur ein Mann.

So nützt er jede Möglichkeit,
die „Weiber" bringen ihn so weit,
dass er die Seine rasch vergisst,
ja, ihr noch die Leviten liest.

Am Seitensprung sei sie selbst schuld,
wenn er sie bräucht' voll Ungeduld,
hätt' sie vor lauter Kopfweh g'stöhnt.
So fühlt er seine Lust verhöhnt.

Zur Last verwandelt sich die Ehe,
böse sei sie, stur und wehe,
wenn er zu seinem Stammtisch geht,
sie keifend vor der Türe steht.

Geht er trotzdem, gibt 's Gewitter,
nicht erfrischend, sondern bitter,
verletzend schreit und wütet sie,
aus ist 's mit der Harmonie.

Die Neue ist da sehr geschickt,
zeigt Mitgefühl, hat Überblick,
wie kann ich ihn denn besser halten,
ihn entfremden seiner Alten.

So dauert es auch nicht mehr lange,
die Neue hält ihn bei der Stange,
die Alte spürt, wie schnell es geht,
dass ihre Eh' vom Wind verweht.

Es bleiben ihr drei Möglichkeiten:
Allein zu sein für alle Zeiten
oder um die Liebe kämpfen
und den Egoismus dämpfen.

Oder sucht sie sich 'nen Neuen,
der Herz und Seele kann erfreuen?
Wie leicht es schief geht, weiß sie jetzt,
wenn sie das Glück zu wenig schätzt.

Hoffentlich die beiden lernten:
In der Ehe kann nur ernten,
wer die Lieb' wie Pflänzchen zart
fürsorglich pflegt und so bewahrt!

Von Weihnachten

Wiederum ist Weihnachtszeit.
Das Geschäft lief heuer gut.
Jetzt ist es wieder bald so weit,
noch drängt mich Einkaufswut.

Das nennt man nun die stille Zeit?
Vieles durch den Kopf mir geht.
Wo bleibt dabei die Seligkeit,
hat der Konsum sie schon verweht?

Ja, was brauch' ich alles noch?
Die Kinder wollen immer mehr.
Der Wunschkorb hängt oft viel zu hoch,
wo kommt der Weihnachtsfriede her?

Wer bringt nun die guten Sachen,
's Christkind oder Santa Klaus?
Da kann ich nur darüber lachen,
es geht zu, wie beim Kehraus.

Wenig gibt 's Materielle her,
so macht das alles keinen Sinn!
Geh in dich, so find'st du mehr,
es steckt so vieles in dir drin!

Zeit für einen Andern haben,
wär' ein wunderbares G'schenk.
Ihn mit Lieb', Verständnis laben,
nur seinem Wohle eingedenk.

In den Andern sich einfühlen,
ja, wo kämen wir da hin?
Es könnte uns're Seel' aufwühlen,
das macht wirklich keinen Sinn.

Was soll ich dem Partner schenken?
Er hat doch alles, was er will.
Ich will nicht lang darüber denken,
auf der Strecke bleibt 's Gefühl.

Und wenn mir wirklich nichts einfällt,
kann ich 's Suchen mir ersparen.
Ich schenke ihm ganz einfach Geld,
schenk' Gutscheine statt Waren.

Ja, das macht der Überfluss,
obwohl ich froh bin hier zu leben.
Es zählt doch einfach nur Genuss,
niemand will was davon geben.

Auch seh' ich meinen Nachbarn nicht,
will nicht wissen, wie 's ihm geht.
Zu helfen wäre meine Pflicht,
der Schneewind hat 's Gefühl verweht.

Und pocht ein Fremder bei mir an,
bin ich still, was willst denn du?
Niemand da, das glaubt er dann,
die Tür zum Herzen schließ' ich zu!

War 's nicht so vor vielen Jahren,
als Josef suchte ein Zuhaus'?
Was musste er dabei erfahren?
Er musste in den Stall hinaus.

Die Zeit war anders, sagst du dann,
du schaust nur auf das eigne Glück.
Was du dem Andern angetan,
fällt auf dein eig'nes Herz zurück!

Was soll ich mit den fremden Leuten,
mit Hindus, Moslems, Juden gar?
Kann es was für mich bedeuten,
dass Jesus selbst ein Jude war?

Das ist was, das gar nicht schmeckt,
wird zur Seite gern geschoben.
Ein Jude in der Krippe steckt,
den Gott zum Sohn erhoben.

Die Geburt wird jetzt gefeiert,
wir speisen, singen frohe Lieder,
manch' Gebet wird 'runter g'leiert,
es ist halt Weihnacht wieder.

Wichtig ist der g'schmückte Baum
mit bunten Kugeln, vielen Kerzen.
Lametta glitzert, 's ist ein Traum,
jedoch dringt nichts in unsre Herzen.

Können wir es nicht verstehen,
weshalb denn kam das Jesuskind?
Dass wir seine Liebe sehen,
der wir ja verpflichtet sind.

Eine Liebe allumfassend,
ohne Fragen: „Wie bist du?"
Bedingungslos und nicht anmaßend,
lass die wahre Liebe zu!

So begehe deine Weihnacht,
ohne Prunk, voll Dankbarkeit!
Wenn Jesus aus der Krippe lacht,
sei seiner Lieb' geweiht!

Vom Anderen

Was ist denn hier auf einmal los,
die Menschenmenge riesengroß,
ich steh' inmitten eingezwängt,
von vorn und hinten stark bedrängt.

Ja, wo es geht, vermeide ich
Menschenmassen vorsorglich.
Wer weiß, wer neben einem steht,
was ANDEREN im Hirn vorgeht.

Man hört und sieht von bösen Sachen,
die ANDERE mit ANDERN machen,
der könnte auch ein Mörder sein;
na ja, hier bin ich nicht allein.

Wer hilft mir, wer hat dazu Mut,
wenn mir einer was antut
durch Worte oder gar mit Taten.
Auf Hilfe wirst vergeblich warten.

Begrapscht, bedroht, vielleicht gar Hiebe,
in Menschenmassen lauern Diebe,
die geschickt oder brutal
alles klau'n, was steht zur Wahl.

Dort drüben geht sogar ein Neger,
Angst vor denen hat ein jeder.
Wer fürchtet sich vorm schwarzen Mann?
Niemand, wenn er laufen kann.

So lernten wir 's im Kinderlied,
nicht ahnend, was uns heute blüht.
Die Fremden nehmen überhand,
wir werden einfach überrannt.

Und wie die Kinder schreien, toben,
obwohl die Eltern immer loben,
dass sie brav und artig seien.
Keines spielt mehr Ringelreihen.

Sie brausen jetzt auf ihrem Skater,
werden oft dabei zum Täter
ohne Rücksicht auf die ANDERN,
die nur auf dem Gehsteig wandern.

Schimpft man, sind sie gleich verstört,
sei froh, wenn er nur weiterfährt.
Oft können sie dich gar nicht hören,
weil Ohrstöpsel und Handy stören.

Ja, bei den Jungen gibt es viele,
die streben nach dem einz'gen Ziele,
die Arbeit so hoch steig'n zu lassen,
so hoch, man kriegt sie nicht zu fassen.

Schau, die drüben mit den Patschen,
wie sie mit den Patschen latschen,
die sie nicht einmal zuknöpfen!
Was geht denn vor in solchen Köpfen?

Figuren gibt es, ach wie grässlich,
krumm und dürr, bemalt, wie hässlich,
die Dicke dort ist nicht allein,
da fällt mir dieses Witzchen ein.

Ein Dicker zu 'nem Dünnen spricht:
Sieht man in dein mageres Gesicht,
glaubt man fast, ja sapperlot,
wir hätten eine Hungersnot.

Worauf der Dünne ihm entgegnet:
Du bist mit Körperfülle g'segnet.
Durch deinesgleichen kam 's so weit,
dass hungern müssen hier die Leut'.

Und die Kleidung mancher Leute
ist kaum anzusehen heute,
der kurze Rock dort, schau, oho,
bedeckt ja kaum noch den Popo!

Ganz zu schweigen von den Haaren,
keineswegs wie sie mal waren,
nun aufgezogen wie beim Besen
schau'n sie aus wie Irokesen.

Farben trag'n sie, schrill und bunt,
bei Vögeln gibt 's dafür 'nen Grund,
bei Menschen soll man nur begreifen,
dass sie auf die ANDERN pfeifen.

Da rempelt mich ein ANDRER an.
In seiner Brille seh' ich dann
mein Spiegelbild. Da wird mir klar,
dass ich für ihn der ANDRE war!

Ich glaub', das Leben wäre leicht,
wenn Misstrauen Verständnis weicht.
Wenn jeder auch den ANDERN schätzt
und seine Würde nicht verletzt.

Von der Rolle der Frau

Was gibt es Schöneres zu schauen
als die allerliebsten Frauen.
Nun ändert sich das Frauenbild,
weg von der Mutter, die nur stillt.

Früher unterschied man gut,
welche Arbeit Mann - Frau tut.
So sorgt' der Mann fürs nöt'ge Geld,
die Frau das Haus zusammenhält.

Zu Hause sei der ruhig' Pol,
auf dass sich alle fühlen wohl.
Abends Mann oft nicht viel spricht,
dann gibt es wieder ein Gericht.

Sitzt der Mann vorm Fernseh-Kastl,
streichelt seinen Hund, den Wastl,
er hat die Arbeit schon getan,
er rekelt sich auf dem Diwan.

Statt selbst zu geh'n, da schreit er ihr:
„Wo bleibt mein gut gekühltes Bier?"
Und fragt sie nach dem Zauberwort,
nicht „Bitte" sagt er, nur: „Sofort"!

Dabei vergisst er ganz und gar,
wer in der Früh die Erste war
und abends kommt zuletzt ins Bett,
wünschend, endlich Ruh' sie hätt'.

Und wenn sie einmal sich beklagt,
entrüstet er dann zu ihr sagt,
sie soll nicht gar so kleinlich sein,
der Haushalt macht sich von allein.

Die Kinder seien ja ganz brav,
die Erziehung geht im Schlaf.
Sind sie lieb, so sind es seine,
und wenn nicht, ihre alleine.

Die Hausarbeit sei schnell bestellt,
darum gibt es für sie kein Geld.
Was nichts kostet ist nichts wert,
dieses jede Frau erfährt.

Glücklich macht die meisten Frauen,
voll Lieb' auf Kind und Mann zu schauen.
Doch jeder braucht Bestätigung,
Belohnung für Betätigung.

Auf dass das Haushaltsbudget steigt,
die Frau nicht mehr zu Hause bleibt.
Sie arbeitet so wie ihr Mann,
oft mehr, als sie ertragen kann.

Beim Lohnempfang, oh meine Güte,
viel weniger ist in der Tüte.
Will die Frau mal hoch hinaus,
redet Mann ihr das schnell aus.

Die Männer spielen gerne Boss,
„Frau Chef", im Halse steckt ein Kloß,
so was wäre kaum zu fassen,
von Frauen sich was schaffen lassen!

Die Frau arbeitet oft für zwei,
Beruf und Haushalt nebenbei,
Kinder kriegt man später dann,
so über vierzig irgendwann.

Wenn biologisch nichts mehr geht,
trotzdem kein Hindernis besteht,
denn Embryos sind eingefroren,
so werden Kinder spät geboren.

Alte Mütter tun sich schwer,
versteh'n die Kinder oft nicht mehr.
Keine Ahnung, was sie wollen,
lärmend nur herumzutollen?

Es seien, sagt uns die Vernunft,
Kinder Segen der Zukunft!
Doch niemand will hier investieren,
zu ungewiss wär' das Rentieren.

Die Kinder, die wir dann nicht lieben,
werden ganz schnell abgetrieben.
Und davon hält mich keiner ab,
Kinder haben, heißt Trab Trab.

Früher war es, ach wie dumm,
der Feind bringt uns're Kinder um.
Selber machen wir es heut',
wenn Empfängnis uns gereut.

Warum schätzte Mann Frau nicht,
gab ihrer Arbeit mehr Gewicht,
dazu vielleicht ein wenig Geld,
auf dass die Hausarbeit was zählt?

Wo soll das Geld für Frauen her,
die Staatskasse ist immer leer:
Sparen bei „Erziehungsposten"?
Auch Fremde einiges uns kosten!

Hausarbeiten, nicht im Handel,
so bekämpft Frau Postenmangel.
Die Wirtschaft Postenmangel freut,
gibt Macht über die Arbeitsleut'.

Jede Frau soll selbst entscheiden,
will sie gern zu Hause bleiben,
oder stellt sie ihren Mann
und zeigt jedem, was sie kann.

Keineswegs ist es verkehrt:
Der eigne Herd ist Goldes wert.
Besser ging 's nach Frau-Empfinden,
ließen Männer sich einbinden!

So entstünde ganz gewiss
zu Haus' ein kleines Paradies,
in dem man sich entfalten kann,
geborgen sein, Kind, Frau und Mann!

Von der Modelfigur

Neulich ging ich mal spazieren,
sportlich wollte ich sinnieren,
eine Frau zeigt ein Plakat,
die kaum was angezogen hat.

Ich seh' sie an, und recht genau,
etwas fehlt bei dieser Frau.
Kaum ein Busen, kaum ein Po,
„Frauliches" siehst nirgendwo.

Nichts war da, was Männer lieben;
eckig, kantig, steh'n geblieben
kindlich in der Pubertät,
was üblich rasch vorübergeht.

Jedoch kein Kind herunter lacht,
eine Frau, die nur so macht,
als wär' sie jung, so wie ein Kind,
hoffend, Jugend schön man find'.

Sind sie denn, ach welch ein Graus,
auf pädophile Männer aus,
die aus Angst vor echten Frauen
sich nur über Kinder trauen?

Bei den Männern wollen s' auch
immer einen Waschbrettbauch.
Meiner gleicht, ich weiß nicht wie,
eher dem des Waschbärli.

Waschbretter sah man bei der Dame,
du erkennst, woher der Name.
Links und rechts kannst Rippen zählen,
Rundungen hier gänzlich fehlen.

Obwohl den Frauen ist bewusst,
aus Fett besteht ein Teil der Brust.
Zum „Sexysein", sie wissen schon,
greifen s' halt zum Silicon.

Lang die Beine, dünn und hager,
das Gestell ist nur noch mager.
Wenn Hungernden dies Bild wir senden,
würden diese zu uns spenden.

Wenn das Jenseits uns verkläre
und Fleisches Auferstehung wäre,
können sie die Frist vergeigen
und seelenruhig liegen bleiben.

Man sagt, sie keinen Schatten würfen,
und da sie auch nichts essen dürfen,
kein Freudenstrahl huscht übers G'sicht.
So was mögen Männer nicht!

Männer lieben Frauen weich,
und das nicht nur dem Wesen gleich.
Monroes Kurven wär'n gefragt,
auch wenn 's der Mode nicht behagt.

Natürlich heißt das lange nicht,
die Schönheit gehe nach Gewicht.
Denn wie es ist im ganzen Leben,
das gold'ne Mittelmaß zählt eben.

Ach, viele dieser „Modezaren"
scheinen mir grad' wie die Narren,
reden jungen Mädchen ein,
Magersucht soll sexy sein!

Worauf die Männer gerne schauen,
sind doch die Rundungen der Frauen.
Und wenn sie eine dann beschreiben,
kann 's bei Worten oft nicht bleiben.

Mann beschreibt sie dann galant
und gebraucht dazu die Hand,
die in Kurven abwärts gleitet.
So was Freude ihm bereitet.

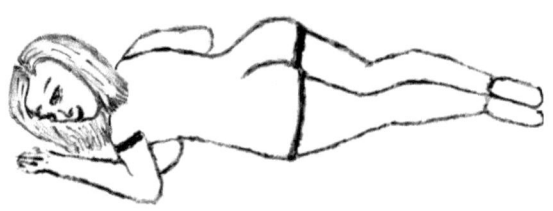

Doch wenn er sie auf Händen trägt,
vielleicht das Heiraten erwägt,
dann will er genau ergründen,
ob sonst wo Schönes ist zu finden.

Liebe Frauen, seid bedacht,
kein Modezar die Schönheit macht.
Wahrlich schön sind Frauen nur,
macht auch das Innere Figur!

Vom Reisen

Wenn einer eine Reise tut,
tut 's nicht nur seiner Seele gut,
er kann auch viel erzählen.
Den Inhalt dabei selber wählen.

„Das Wetter war total perfekt,
zum Frühstück jeden Tag ein Sekt!
Das Essen, kann man ruhig sagen,
verwöhnte streichelnd meinen Magen."

Die Wahrheit sieht oft anders aus:
das Essen manchmal nur ein Graus.
Vom Sekt am Morgen keine Spur;
die ganze Zeit hat 's g'regnet nur.

Doch niemals wird man das zugeben.
Ja, so einfach spielt das Leben:
Den Neidern lange Zähne machen
und innerlich darüber lachen.

So entsteht aus deinem Frust
wenigstens ein bisschen Lust.
Der andere, der platzt vor Neid,
und dir tut dieses gar so leid.

Und wenn dich einer fragt:
„Hat dir die Sonne nicht behagt,
deine Haut ist gar nicht braun?"
Erzähle was, lass sie dumm schau'n:

„Die Sonne scheint dort so gewaltig,
du kannst es lesen mannigfaltig.
Du musst die Haut brutal beschützen,
nur Faktor fünfzig kann dir nützen."

Beim Schwindeln lasse Vorsicht walten,
wenn sie 's Internet einschalten,
könnten sie dir schnell beweisen,
wie das Wetter war auf Reisen.

Das „Superessen" glaubt man nicht:
„Du achtest sonst nicht auf 's Gewicht.
Kein Deka hast du zugelegt,
oder hast du Sport gepflegt?"

Ohne denken sag sofort:
„Ja, hier gab es immer Sport.
Die Trainerin zeigt' keine Spur
von Fett an ihrer Traumfigur."

Und Chancen hattest du bei ihr
gewiss nicht mit 'ner Flasche Bier.
Doch bei etwas Sportlichkeit
war sie zu jeder Sünd' bereit.

Und so wolltest du vor allem
ihr und andern Frau'n gefallen.
Aber mit dem Wackelbauch
kriegst du keine, wie denn auch?

Toll geplant war diese Reise:
immer Party, niemals leise.
Jede Nacht im Rausch verging!
War alles gut, was so anfing?

Und ist es dir am Morgen schlecht,
klag nicht, es geschieht dir recht,
man geht auf Reisen nicht zum Saufen,
zum Sightseeing und einzukaufen.

Stattdessen war der Tag soso.
Die meiste Zeit hingst du am Klo.
Das Essen kam dir wieder hoch
und verschwand im großen Loch.

Viel Neues, Schönes gäb 's zu seh'n,
fremde Bräuche zu versteh'n,
vieles ist im fremden Land
ganz anders, als bei uns bekannt.

Verstehst du dann die andern Sitten,
aus Erfahrung, nicht von Dritten,
erweiterst deinen Horizont,
stehst über allem, was gewohnt.

Wir könnten viel von andern lernen,
wenn wir Mauern nur entfernen,
die uns die Sicht auf Neues nehmen,
„Entwicklungschancen" dabei hemmen.

Die Angst vor Fremden rasch vergeht,
wenn man diese recht versteht.
Es kann dich sicherlich erbau'n,
Fremdes achten, Fremdes schau'n.

Und so erfährst du alsbald dann:
Im Anderssein ist auch was dran!
Und hat man das einmal erfasst,
wird Fremdes nicht mehr so gehasst.

Ist dann deine Reise aus,
schnell gepackt und ab nach Haus.
Voll Sehnsucht wartest auf den Flieger,
besteigst ihn stolz, so wie ein Sieger.

Die Welt erobern war dein Ziel,
du nahmst dir alles, was Gott will,
und fühltest dich als großer Mann,
indem du zeigtest, was Geld kann:

„Schau, ich konnt' mir Reisen leisten,
von denen nur geträumt die meisten."
Die Schwärmerei alsbald erlischt
und ein Zweifel dich erwischt,

denn du siehst zu Hause ein:
Schön kann eine Reise sein,
doch am besten ist 's zu Haus.
So schnell flieg' ich nicht mehr aus!

Vom Geld

Anfangs gab es eine Welt,
in der man auskam ohne Geld,
und keinem fehlte irgendwas.
Was für eine Welt war das!

Es müsste jedem wohl gefallen,
gehörte alles einfach allen.
Doch wie kommst an Sachen ran,
die man selbst nicht machen kann?

So kam es bald zu einem Wandel,
es entwickelt sich Tauschhandel.
Hast du Brauchbares für mich,
so hab ich auch etwas für dich.

Aber wie bekommt man Gaben,
wenn wir nichts zum Tauschen haben,
obschon das Andre mir gefällt?
So kam der Neid in diese Welt!

Denn damals schon, genau wie heut',
gab es immer wieder Leut',
für die begehrenswerter Dinge,
die man nur beim Andern finde.

Es verschwand in dieser Zeit
leider die Zufriedenheit.
Und würde jemand etwas fehlen,
kann er 's ja dem Andern stehlen.

Der Tauschhandel war unbequem,
Geld dagegen angenehm.
So muss man nicht um viele Ecken
sich mit Brauchwaren eindecken.

Zählte früher Jägers Beute,
zählen heute reiche Leute.
Und mancher, der auf sich was hält,
prahlt herum mit seinem Geld.

Heute läuft vieles verkehrt,
weil alles irgendwem gehört.
Privates findet kaum wer dumm,
für Besitz macht man sich krumm.

Findest du es wirklich richtig,
wenn für alles, was dir wichtig,
vieles du berappen musst?
Da entsteht so mancher Frust.

Braucht man Wasser, nur zum Trinken,
musst du mit dem Geldschein winken.
Schöne Kleider, Wohnung, Essen
können manche gleich vergessen.

Wohin ein solches Denken führt,
zeigen Amis ungerührt:
Meisterhaft ist ihr Talent,
erwerben sie sich ein Patent.

Patente gibt 's für das Getreide,
für die Tiere auf der Weide,
und irgendwann wird auch vielleicht
für die Luft eins eingereicht.

Dies Patent hätt' ich sehr gern,
reich würd' man da - meine Herrn - ,
für die Andern wär' 's ein Graus,
denn ohne Luft kommt keiner aus.

Jedoch bei uns ist es kaum besser,
überall gibt 's Geldscheinfresser.
Man baut mit Steuern viele Straßen,
kassiert dann Maut in Übermaßen.

Mich wundert 's nicht, wenn unser Staat
weit und breit kein Geld mehr hat.
Bei Reichen wirft er es hinaus,
dem Armen zieht er d' Hosen aus.

Große Firmen zahl'n kaum Steuern,
weil Rechtsanwälte sie anheuern,
deren einz'ge Aufgab' ist,
den Staat bestehlen, voller List.

Man bildet weltweit Netze,
um auszuklammern die Gesetze,
die gelten für den kleinen Mann.
Ja, ohne Anwalt bist du dran.

Wie weit das geht, ein jeder sieht,
was in den USA geschieht:
Es bekommt dort niemand Recht,
bezahlt er seinen Anwalt schlecht.

Dort kann man, ja zum Haare Raufen,
mit Geld sogar das Recht erkaufen.
Und so gelingt die Zauberei,
ein Reicher kommt fast immer frei.

Doch bist du arm, mit dunkler Haut,
alles anders gleich ausschaut,
wenn 's FBI schließt einen Pakt,
bist du schnell im Todestrakt.

Schmerzt den Staat, wie ein Furunkel,
nicht die Sendung: Licht ins Dunkel?
Für kranke Kinder lass' ich spenden,
so bleibt das Geld in meinen Händen.

Für die Gesundheit fehlt das Geld,
wenn Politik und Wirtschaft zählt.
Das Wohl der Bürger ist da gleich,
die Hauptsach' ist, ich werde reich.

Wer kann ein Zigfaches mehr leisten
als die Arbeiter, die meisten,
die kräftig schuften Tag und Nacht?
Ein „Geldsack" so was niemals macht.

Die regieren diktatorisch,
nur das Geld obligatorisch.
Verschieben Ware mit viel Wert,
obwohl sie ihnen nicht gehört.

Sie jonglieren nur mit Zahlen.
Politiker rackern vor Wahlen
sich um jede Stimmen ab.
Nach den Wahlen sind sie schlapp.

Der Präsident von Österreich
verdient sehr viel, und das obgleich
dieses Land recht klein nur ist.
Was er beim Gehalt vergisst.

Dieses sei ja gar nicht groß.
Pflicht zu tragen ist sein Los,
nur mit der von Trump vergleichbar.
Deshalb wird sein Lohn erreichbar!

Wenn unser Bundespräsident
sogar den Putin arg beschämt,
da vieles mehr als er verdient.
Ob solches seiner Stellung ziemt?

Ein Landeshauptmann hat beinah
so viel wie Merkel. Wunderbar?
Da fragen sich hier Jung und Alt,
wo bleibt vergleichbar mein Gehalt?

Als Ausrede, hört man dann bloß,
Verantwortung sei riesengroß.
Doch versagt man irgendwann,
trägt das nur der kleine Mann.

So ist es leider auf der Welt,
ein jeder geiert nach dem Geld.
Hat man viel, will man noch mehr,
denn nur mit Geld, da ist man wer.

Solchen Geiern wird kaum klar,
dass die Welt Gemeingut war.
Sein Überschuss ist unverhohlen
den armen Teufeln oft gestohlen.

Der Reichtum kennt hier keine Schranken.
So ist es Habgier zu verdanken,
dass Geld bei wenigen sich häuft,
den meisten durch die Finger läuft.

Obwohl es Jesus schon gelehrt,
Besitz und Geld den Himmel sperrt,
gilt heute als der größte Held,
wer besitzt das meiste Geld.

So rafft man weiter, beutet aus,
und erst im Tode kommt der Graus:
Man kommt nicht durch das Nadelöhr.
Jedoch im Leben war man wer!

Dabei vergisst man oft zu leicht,
ich hab' nur deshalb viel erreicht,
da ich 's von Andern hab' genommen.
So bin ich zum „Mehr" gekommen.

Ehre, Liebe steh'n am Spiel,
bedeutet Geld einfach zu viel.
Und zu spät kommt mancher darauf:
Bei Geld hört auch die Freundschaft auf.

Da ist man reich und trotzdem arm!
Mit Geld hält man kein Herz sich warm.
Das Wichtigste auf dieser Welt
bekommst du nicht für noch mehr Geld!

Vom kranken Mann

Viele Männer glauben echt,
sie sei'n das stärkere Geschlecht.
Doch bahnt sich eine Krankheit an,
ist 's vorbei mit „starker Mann".

Wenn ein Schnupfen sich ankündet,
der Hals vielleicht etwas entzündet,
hat er nichts Besseres zu tun,
als hinzulegen, auszuruh'n.

Und schon beginnt die Jammerei,
kaum auszuhalten sein Geschrei,
die Schmerzen seien riesig groß,
wie soll er sie beschreiben bloß?

Ach, es ist schon bitterlich,
niemand leidet so wie ich.
Wie soll ich das denn übersteh'n,
wie soll das denn weitergeh'n?

Keiner annähernd versteht,
wie entsetzlich es ihm geht.
Sein Leiden wird von jedermann
nur als Wehwehchen abgetan.

Er bräucht' um seiner argen Wehen
Leute, die ihn recht verstehen
und ihr Mitgefühl ihm geben,
wie gefährdet sei sein Leben.

Doch käm' der Tod im Sauseschritt,
in keinem Falle ging er mit.
Zum Sterben sei er nicht bereit.
Verschoben wird 's auf d' Ewigkeit.

So hört man aus dem Krankenzimmer
Stöhnen, Ach und Wehgewimmer.
Man könnte Mitleid mit ihm kriegen,
sieht man ihn so elend liegen.

Bitter schmeckt die Medizin,
noch bitterer ist es für ihn,
sich mit Viren abzufinden,
die ihn heut' ans Bette binden.

Er wird auf 's Liebevollste pflegt,
obgleich er schlimmes Denken hegt,
doch außer ihm ein jeder sieht,
nichts wirklich Schlimmes ihm geschieht!

Was dem Mann am meisten fehlt,
jedoch allein beim Kranksein zählt:
Hab Geduld, vertrau auf Gott,
Er hilft dir schon in deiner Not!

Als er dann nach kurzer Zeit
vom Joch der Krankheit war befreit,
erzählt er jedem breit und lang,
wie mutig er den Tod bezwang!

Wie stolz ist er auf seine Kraft,
ganz allein hat er 's geschafft,
ist von den Toten auferstanden.
Die Wahrheit kam ihm wohl abhanden.

Jedoch die Frauen fragen dann:
Was ist denn stark an diesem Mann?
Nur stark, wenn er die Muskeln strafft,
doch geht 's ihm schlecht, ist er geschafft!

53

Vom Ende

Wir fühlen uns so wohl im Leben,
solang wir g'sund und denken eben,
dass dieser Zustand ewig dauert.
Doch oft schon eine Krankheit lauert.

Lauert etwas, nichts fühl' ich;
Problemchen gibt es sicherlich.
Das größte ist die Leibesfülle,
wie beim Baum wächst mir die Hülle.

Nur beim Baum zählt man die Ringe,
die innen sind. Meine „Dinge"
hängen außen, leicht zu greifen,
wie zum Schwimmen diese Reifen.

Aber damit leb' ich gut.
Hat man nur ein bisschen Mut,
kann man aufs Gerede pfeifen
und bläst weiter auf, die Reifen.

So weit, so gut, doch irgendwann
schleichen sich Probleme an.
Probleme, die man sonst nicht sieht,
weil das Andern nur geschieht.

Liegt man selbst einmal darnieder,
wünscht man sich Gesundheit wieder,
die man setzte oft auf 's Spiel.
Gesündigt hat man viel zu viel.

Ach, was war man für ein Schaf,
selbst Schuld, dass diese Krankheit traf.
Jetzt steht man da mit langem G'sicht
und fühlt sich klein, so wie ein Wicht.

Krank sein, das hat keiner gern,
Doktor, Krankenhaus sei'n fern,
die Krankheit wird, du wirst es sehen,
sicherlich von selbst vergehen.

Nur, solche schönen Wunschgedanken
weist die Krankheit schnell in Schranken.
Und da sie nicht von selbst verschwindet,
man sich bald beim Doktor findet!

In Kliniken versorgt aufs Beste
schauen Ärzte auf die Gäste.
Man glaubt, den Ärzten es obliegt,
dass man die Krankheiten besiegt.

Die Pflege äußerst liebevoll,
die meisten Schwestern sind ganz toll,
wenn sie fürsorglich und nett
treten an dein Leidensbett.

Sie lassen dich mit ihrem Wesen
Schmerzen, Kummer oft vergessen
und helfen dir mit Freundlichkeit
über manches schlimme Leid.

Schwerer wär 's, gäb 's Schwestern nicht,
die seh'n im Dienst nicht nur die Pflicht.
Kranke wollen sie aufbauen,
indem sie auch auf Seelen schauen.

Zwar bleibt kaum Zeit für einen Plausch,
tauscht man doch Gedanken aus
und lernt den Andern zu versteh'n,
kann als Mensch den Menschen seh'n.

Besucht man wen im Krankenhaus,
schon sieht die Welt ganz anders aus.
Denn was man dort so sehen kann:
Andere sind schlimmer dran!

Sollte es dann einmal sein,
wird eingeschenkt dir bitt'rer Wein,
der Arzt verlegen ringt die Hände,
er sei mit dem Latein am Ende.

Und dass es nicht an ihnen liegt,
die Krankheit, die hat dich besiegt.
Worauf man sich einstellen kann:
Der Teufel holt dich irgendwann.

Ich kann nicht an Teufel glauben,
die uns Freud und Frieden rauben.
Denn Luzifer ist auch kein Bengel,
sondern ein gestürzter Engel.

Weshalb denn Gott ein Wesen schafft,
das er dann mit Ausschluss straft,
obwohl er wusst' im Vornherein:
Schaff ihn so, wird er so sein!?

Engel sind von Gott geschaffen,
Verständnis, Liebe sind die Waffen,
mit denen sie uns führen g'wiss
dereinst ins ewig' Paradies.

Dem Schutzengel vertraue ich,
er steht zu mir, ganz sicherlich,
obwohl ich es ihm nicht leicht machte,
über Stränge schlug, dass es nur krachte.

Und steht man vor dem Himmelstor,
dahinter strahlend bricht hervor
voll Lieb' erfüllt das Paradies.
Gewusst? Man leicht die Welt verließ.

Auf dass wir dort als Geisteswesen
von Schmerzen frei, im Geist genesen,
nach der ird'schen Prüfungszeit
überwinden unser Leid.

Dort werden wir umfasst von Liebe,
von wahrer, nicht bestimmt durch Triebe,
verstehen, was Gott von uns wollte,
was jeder aus sich machen sollte.

Und schafften wir es nicht so recht,
sind wir deshalb nicht gleich schlecht.
Wenn Eltern, Freunde „d'rüber sehen",
wird Gott erst recht darüber stehen!

Ich glaube fast, er wird nur schmunzeln,
wie sorgenvoll die Stirn wir runzeln:
Wo haben wir gefehlt, was falsch getan,
was rechnet Gott uns alles an?

Ich glaube nicht, er wird streng richten,
wird nicht alle gleich vernichten,
die aus Dummheit schlecht getan,
getrieben durch der Triebe Wahn.

Er ist kein Richter, ist Berater,
ist er nicht auch unser Vater?
Ach was waren wir für Toren,
die ihm verschlossen ihre Ohren.

Oft wandten wir durch Eigensinn
uns lieber zu der Sünde hin.
Väterlich wird er 's verzeih'n,
wenn nach Einsicht wir bereu'n!

Und ist das Leben dann zu Ende,
ist es doch nur eine Wende:
Von Körperengen nun befreit,
streben wir zur Seligkeit!

Das Jenseits war ja unser Ziel,
das jeder wohl erreichen will.
Wir konnten es nur nicht begreifen,
wir mussten dazu erst mal reifen.

Von der Liebe

Wie leicht sagt man: „*Ich liebe dich!*"
Und denkt dabei allein an sich.
Schau genau, dann wirst du seh'n,
was viele unter Lieb' versteh'n.

An erster Stelle steht das ICH:
ICH liebe und ICH brauche dich,
ICH kann ohne dich nicht sein,
ICH bin ohne dich allein!

Wird man dann verlassen gar,
verliert die Lieb', die keine war,
liegt am Boden ganz zerstört,
da erkennst der Liebe Wert!

Jedoch, der Frust einmal verraucht,
die alte Liebe bloß noch schlaucht.
Schnell vergessen ist die Ex,
diese Liebe war nur Sex.

Und wieder kommt ein neues Spiel:
ICH liebe dich, wie ICH es will,
ICH muss immer an dich denken,
am besten zeig' ICH 's mit Geschenken.

ICH rücke mich ins beste Licht,
doch lange schwindeln schafft man nicht.
Wird man durchschaut, so ist 's vorbei.
Frauen versteh'n ist Zauberei?!

Auf diese Art gar mancher klagt,
derweilen wäre EINS gefragt:
ICH und DU, das tausche aus,
so wird wahre Liebe draus!

Doch wie schwierig ist die Liebe,
wenn lediglich das DU verbliebe;
ICH poche lieber auf MEIN Glück
und lasse DEINS dafür zurück.

So irgendwie denkt mancher Mann,
weil er aus seiner Haut nicht kann.
Aber Liebe schafft viel mehr
als sich erträumt der große Herr.

Wie anders lieben doch die Frauen,
darf man ihren Schwüren trauen:
Ihnen geht 's nur um das DU.
Was sagte wohl Herr Freud dazu?

Da das Leben uns oft lehrt,
kein Vertrau'n sei blind gewährt,
prüft auch sie, eh' sie sich bindet,
ob sich nicht was Bess'res findet.

Wozu die Prüfung gut denn sei,
wenn das ICH ganz einerlei
und in Wahrheit zählt das DU?
Doch wer spielt gerne blinde Kuh?

Obwohl Geschlechter so verschieden,
finden diese beiden Lieben
solang den Weg zum ANDERN hin,
bis Egoismus trübt den Sinn.

Wer ist wirklich gern allein?
Ist wahre Liebe doch nur Schein?
Wo gibt 's reales Glück zu buchen?
Gottes Lieb' im ANDERN suchen?!

Ich fand einmal in einem Buch
zum Nachdenken so einen Spruch:
Wenn jeder EINEN glücklich macht,
bald die GANZE Menschheit lacht!

Vom Österreicher

Österreich, du reiches Land,
an vierter Stelle wirst genannt
unter den Reichsten der EU.
Die Deutschen schmunzeln nur dazu.

Denn diese haben leichtes Lachen,
sie können viel mehr Gelder machen,
und jedes Jahr kriegen s' noch mehr;
uns wird 's versprochen, bitte sehr.

Die Österreicher wissen 's schon:
Sie sind die Melkkuh der Nation.
Die Gelder fließen! Wer wird 's danken?
Ist 's die Wirtschaft, sind 's die Banken?

Wo Geld mehr als Menschsein zählt,
der Mensch zur Ware schnell verfällt,
verlieh'n, versklavt und ausgebeutet,
der Wirtschaft es Gewinn bedeutet.

Wo dies hinführt, weiß der Staat,
wenn er zu wenig Bürger hat.
Wer macht die Arbeit, zahlt die Renten,
leben wir nur noch von Spenden?

Flugs holt man vom Ausland her,
billige, willige Arbeiter,
die ihre Kinder vollends lieben
und deshalb auch recht viele kriegen.

Es braucht ein paar Generationen,
bis bei uns mehr „Fremde" wohnen
als „Einheimische". Dann wird klar:
Ob dieses Denken richtig war?

Denn heute weiß schon jedes Kind,
dass die Mehrheit nur bestimmt.
Wenn diese betet in Moscheen,
können Christen brausen gehen.

Uns bleibt einfach nur zu hoffen,
die Moslems sind genau so offen
und wie wir so tolerant
und reichen uns auch ihre Hand.

Nur leider kann man andres seh'n,
was wir bei Moslems nicht versteh'n.
Menschenrechte gelten flau,
nichts gilt ihnen eine Frau.

Nach Allah darf man dies Geschlecht
schlagen, wenn 's dem Manne recht.
Sie darf sich auf den Himmel freuen,
dort mit Hur'n den Mann betreuen!

Jedoch Bekehrung leicht gelingt,
wenn man zum „wahren" Glauben zwingt.
Und traut sich einer was zu sagen,
kann man ihm den Kopf abschlagen.

Die Politik nach ihrer Art
nicht bei sich, beim Bürger spart.
Bist arbeitslos und ohne Geld,
in den Schoß dir gar nichts fällt.

Du musst rennen, flehen, betteln,
ausfüllen so manche Zetteln,
in jede Arbeit musst dich stürzen,
ansonsten sie das Geld dir kürzen.

Ganz anders leben Asylanten,
die Österreich bisher nicht kannten:
Gut beraten kriegen s' Geld,
damit es ihnen an nichts fehlt.

Oh Österreicher, glaubst du echt,
ein Asylant zieht ins Gefecht
für einen Staat, der nicht der seine?
Da zieht er lieber schnell die Leine!

Indes der Österreicher bleibt,
auch wenn man Böses mit ihm treibt,
der Staat ihm Hemd und Hos' auszieht;
ja, weil er seine Heimat liebt!

Ich hoffe, unsre Hymne bleibt,
wie wir sie uns einst einverleibt.
Und wir nicht einmal irgendwann,
fangen so zu jammern an:

Österreich, du Land der Berge,
hattest „Große", nicht nur Zwerge,
die Augen hatten für das Schöne,
die nicht nur sahen das Obszöne.
Hattest Arbeit, zukunftsreich:
viel gerühmtes Österreich!

Heiß begehrt als Flüchtlingsland,
vielleicht einmal in fremder Hand,
musst dann, wie in Ahnentagen,
hoher Sendung Lasten tragen;
Gesetze der Scharia gleich:
viel geprüftes Österreich!

Mutig in die neuen Zeiten,
lass die Politik uns leiten.
Die einig, wie in Brüderchören,
vor den Wahlen Treue schwören.
Nach der Wahl vergisst man 's gleich:
viel geliebtes Österreich!

Vom Leiden

Man lebt sorglos in den Tag,
nicht ahnend, was er bringen mag.
Hauptsach' ist, mir geht es gut,
mit Leiden hab ich nichts am Hut.

Und läuft nicht alles wie geschmiert,
die Geduld man schnell verliert.
Du siehst deine Leiden dann
als die allergrößten an.

Doch wenn du ehrlich mit dir bist,
dieses Weh du bald vergisst.
War denn dieses schlimme Los
in Wirklichkeit dermaßen groß?

Und so lebst du ruhig, heiter,
unbesorgt und denkst nicht weiter,
dich ärgern oft schon kleine Sachen,
die dich manchmal „fertig" machen.

Eigentlich könnt'st glücklich sein.
Es geht dir gut, die Sorgen klein,
anstatt das Leben zu genießen,
lässt du manchen Kummer sprießen.

Alles ist in dieser Welt
auf Änderungen eingestellt.
Auch kein Glück währt ewiglich,
die schöne Zeit zu rasch verstrich.

Stellt sich ein, ein wahres Leid,
bist du dann sehr schnell bereit,
dein böses Schicksal zu verfluchen
und einen Schuldigen zu suchen.

Weshalb trifft es gerade mich?
Hab' nichts verbrochen sicherlich.
Ein schlechter Mensch, das war ich nie,
mit allem Bösen stets per Sie.

Warum es nicht wen andern traf?
Obwohl der keineswegs so brav,
hat er viel Glück und ich nur Leid.
Da beschleicht mich schon der Neid.

Doch solches Denken ist nicht recht.
Denn geht es einem andern schlecht,
könnte man das akzeptieren
und Nächstenliebe nicht verlieren?

Was bin denn für den andern ich?
Ein anderer, wie er für mich.
Lass ich was beim andern gelten,
darf ich das bei mir nicht schelten.

Wer ist sonst noch alles schuld?
Hetzerei und Ungeduld,
die von uns zerstörte Welt
oder geile Gier nach Geld?

Da fällt 's wie Schuppen von den Augen,
man kann es einfach gar nicht glauben,
schuld daran sein könnte Gott,
das wär' gewaltig, sapperlot!

Wofür bestraft Er mich so hart,
so was ist nicht seine Art.
Er ist doch Sinnbild für die Liebe,
und mir erteilt er harte Hiebe.

Mir, der brav zur Kirche ging,
mit Sünden, die nur sehr gering,
schickt Er zur Strafe dieses Leiden.
Besser Er bestraft die Heiden.

Ich fange an Gott zu befragen,
lästere, hab' viele Klagen,
wenn ja alles von Ihm kommt,
weshalb krieg' ich nicht, was mir frommt.

Mein altes Leben tät' ich schätzen,
und preisen IHN mit vielen Sätzen.
In seinem Namen Gutes tun,
dass das nur zählt, das weiß ich nun.

Doch der Herr erweist mir Gnade
einzusehen, dass gerade
Leid und Schmerz mich weiterbringen,
die Stufen aufwärts zu erklimmen.

Schwer reift, wer nur vom Glück verwöhnt,
wer Spaß und Freude nur gewöhnt,
wer glaubt, er hat das Glück gepachtet,
und die anderen missachtet.

Leichter reift man schon durch Sachen,
die Leiden und auch Schmerzen machen.
Dein Elend macht die Augen offen,
du siehst, auch andre sind betroffen.

Du siehst, dein Leid ist eine Gnade,
und erkennst, dass es gerade
ein Wegweiser zum Himmel ist,
sodass du nicht dies Ziel vergisst.

Unser Ziel in dieser Welt
ist sicher nicht ein Haufen Geld,
auch nicht immer Sonnenschein,
der trübt nur unsre Linsen ein.

Wanderer sind wir auf Erden,
die durch Erfahrung reifer werden.
Bis wir reif für 's ew'ge Ziel,
das jeder Mensch erreichen will.

Und wenn wir auf der Erde trödeln,
nicht weitergehen, einfach blödeln,
kriegen wir halt manchmal Watschen,
auf dass wir wieder aufwärts hatschen.

Sorgen mach ich mir nicht viel,
alles geschieht hier, wie Gott will.
Stürzt du tief von Glückes Rand,
du landest nur in Gottes Hand.

Vertrau auf ihn, so wie ein Kind,
nicht mit Verstand, vertraue blind!
Vertrau und lass dich einfach führen,
durch Mittel, wie sie uns gebühren.

So mancher vieles dabei litt
und bekam so manchen Tritt
und bekam so manchen Schlag.
Die Liebe Gottes viel vermag.

Deshalb sollen wir nicht wanken,
auch für „Schlechtes" Gott zu danken.
So hilft Er uns auf dieser Reise.
Wir versteh'n nicht Art und Weise.

Ja, was bilden wir uns ein,
unser Hirn ist viel zu klein,
um zu versteh'n, was Du uns gibst,
um zu versteh'n, wie Du uns liebst.

Und sind wir dann durch Leid gereift,
ein jeder hoffentlich begreift,
dass Du allein die Liebe bist,
und Schmerz Geschenk der Liebe ist.

Vom Fluss der Zeit

Wir Menschen sind in diesem Leben
von Vielem, was uns lieb, umgeben.
Von lieben Menschen und auch Sachen,
wobei Verluste Schmerzen machen.

„Pantha rhei", sprach Demokrit,
und er meinte wohl damit,
dass alles fließt in dieser Welt.
Nix bleibt fix, nix ewig hält.

Schmeißt ein Kind die Sachen weg,
ach, wie groß ist dann der Schreck.
Ich will meine Sachen wieder.
Das Geschrei ist oft zuwider.

Viele sind, es ist zum Jammern,
immer schon geprägt auf 's Klammern.
Alles wollen wir festhalten,
alles bleibe nur beim Alten.

Fürs Affenbaby macht es Sinn,
klammert es zur Mutter hin.
Denn so hat sie es stets dabei
und trotzdem ihre Arme frei.

Wächst ein Menschenkind heran,
man immer wieder sehen kann,
dass Eltern einfach nicht begreifen,
dass auch ihre Kinder reifen.

Sie wollen oft vor lauter Liebe,
dass ihr Kind stets kindlich bliebe.
Es aufzuzieh'n wär' ihre Pflicht,
es festzuhalten, sicher nicht.

Allzu oft kann man es hören,
Kinder sollen wem gehören.
Kann ein Mensch Menschen besitzen?
Vorbei die Zeit, wo Sklaven schwitzen.

Kinder sind uns nur geliehen,
auf dass wir sie mit Lieb' erziehen.
Ja, wir sollen sie beglücken
und nicht mit unsrer Lieb' erdrücken!

Auch die Kinder ändern sich,
das gilt nicht nur äußerlich.
Die Erziehung fällt oft schwer,
ich versteh' mein Kind nicht mehr.

Viele Eltern müssen leiden,
wenn einst ihre Kinder scheiden.
Sie können es einfach nicht fassen:
Kinder muss man gehen lassen.

Pantha rei, ja alles fließt.
Ich hoffe, dass du nicht vergisst,
die lieben Menschen, die wir haben,
sind nicht Besitz, sind nur Leihgaben.

Die Jugendlichen hart begehren,
ihre Jahre mög'n sich mehren.
Älter werden möchten 's g'schwind,
sonst bleiben s' ja für immer Kind.

Sind sie etwas älter dann,
fängt die Partnersuche an.
Man will ihn dabei nicht nur suchen,
sondern gleich fürs Leben buchen.

Hat man einen Partner dann,
fängt das Klammern wieder an.
Der Mensch gehört nur mir allein
und bleibt für alle Zeiten mein!

Du hast zu sein, wie ich dich sehe,
bist du anders, gibt 's ein Wehe.
D(M)ein Bild hat sich mir eingeprägt
und wehe, wenn wer daran sägt.

Ich liebe dich mit Haut und Haaren,
und noch selbst nach vielen Jahren
wirst du genau wie heut' geliebt,
ja, weil die Liebe mir viel gibt.

Pantha rei, auch Liebe fließt,
bleibt nicht so, wie sie heut' ist.
Manche Paare es begreifen:
Liebe muss durch Altern reifen.

Klammert jemand allzu fest,
dem Partner fast die Luft abpresst,
verliert er ihn. Es ist verrückt,
wie Schmetterlinge, die man drückt.

Hat man dann zu fest geklammert,
hilft es nichts mehr, wenn man jammert.
Du hängst dann in aller Ohren:
„Ich hab' meine Lieb' verloren."

Verlieren kann nur, wer besessen,
Liebe ist kein Gut, indessen
sei doch froh, dass du geliebt,
auch wenn 's die eine nicht mehr gibt.

Verlierst du wen durch jähen Tod
und trauerst tief in deiner Not,
kannst dein Los nur sehr schwer fassen,
versuche trotzdem loszulassen.

Er hat sein Leben hier vollbracht,
und jetzt hat er sich aufgemacht
in die Ewigkeit, und du
gönn' dem Toten seine Ruh!

Weine nicht, weil du verloren,
sei dankbar, er hat dich erkoren
und dich ein Stück des Wegs begleitet
und dir dabei Glück bereitet.

Manche Menschen glauben echt,
sie hätten auf die Lieb' ein Recht.
Und sind dabei nicht eingedenk:
Die Liebe ist stets ein Geschenk!

Ein Geschenk, das man gern gibt,
beglückt ein jeder, der es kriegt,
manchmal kann man es nicht halten,
Pantha rei, nichts bleibt beim Alten.

Oft bleibt Hass, wenn Lieb' vorbei,
und schnell vergisst man dann dabei,
sich für die Liebe zu bedanken.
Weis' den Hass in seine Schranken!

Lieb' zu erleben, das war Gnade.
Ist sie vorbei, ach wie schade!
Wenn du vor Gram dein Herz verschließt,
verhinderst du, dass neue fließt!

Warum schmerzt es uns so sehr,
gibt es was Geliebt's nicht mehr?
Steckt Erwerben, Halten, Haben
in uns verwurzelt, tief vergraben?

Sind wir Menschen denn verrückt,
dass nur „Haben" uns beglückt?
Wie oft geiern wir nach Sachen,
die nur kurze Freuden machen?

Und kommt für uns die Zeit zum Geh'n,
alles lassen wir dann steh'n.
Das letzte Hemd hat keine Taschen,
was du begehrt, fällt durch die Maschen.

Da spätestens musst du erkennen,
was half dir Geiern, half dir Rennen?
Was war denn dran an deinem Haben?
Ich hoffe, du hast andre Gaben.

Schau um dich und du siehst schon,
die fixe Welt ist Illusion.
Alles um dich ist im Fluss,
mach mit Klammern endlich Schluss.

Pantha rei, halte nicht fest,
was sich nicht mehr halten lässt.
Nur Änderung kann Neues bringen
bei Geist, Gefühl und allen Dingen.

Nimm alles hin und bleibe froh,
es kommt doch anders, sowieso.
Nimm an den Fluss, was er auch bringt,
änd're dich, wenn er dich zwingt!

Von älteren Herren

Jeder möchte sehr alt werden,
lange leben hier auf Erden,
doch will es nicht ins Hirn hinein,
wer alt wird, der wird alt dann sein.

Ach, die Augen lassen nach,
beim Rasieren kaum schon wach,
sieht er ein jugendliches G'sicht,
sein Altern dabei leider nicht.

Wenn Änderungen langsam schleichen,
sie meistens nicht das Hirn erreichen,
vertrauend der Erinnerung,
glaubt er sich noch immer jung.

Er fühlt sich strotzend nur von Kraft,
wie ein Baum im vollem Saft.
Ja, diese könnte er ausreißen,
Einsicht könnt' ihm andres weisen.

In Wahrheit sieht er einen Tropf,
kaum noch Haare auf dem Kopf,
trotzdem bleibt er ewig eitel,
wie zieh ich heute meinen Scheitel?

Alter plagt die Frauen nur,
bei Männern davon keine Spur,
im Gesicht gibt es kaum Falten,
so hässlich wie bei seiner Alten.

Oft wird der Entschluss gefasst,
ich brauch 'ne Frau, die zu mir passt,
jung und schön, so wie ich auch,
wenn ich einzieh' meinen Bauch.

Chancen hätt' er - bin ja wer -
genau wie früher, ja noch mehr.
Winkt vom Porsche aus den Frauen,
benimmt sich eitel wie die Pfauen.

Doch schillert nichts wie bei dem Pfau,
sein Fell ist gleich dem Esel grau,
schlagen kann er auch kein Radl,
so kauft er halt ein junges Madl.

Obwohl er könnt ihr Vater sein,
Jugend zählt für ihn allein,
fürs Alter macht er sie geschwind
mit teuersten Geschenken blind.

Schmuck und Geld und viele Reisen,
das Beste im Lokal nur speisen.
Als Belohnung wär' es nett,
hüpft sie dann mit ihm ins Bett.

Wenn er junge Mädchen find't,
macht die Eitelkeit ihn blind,
so gleicht er einem Auerhahn,
balzt dieser seine Henne an.

Ja, früher nahm der Mann sich Zeit,
zu schauen, was die Dame treibt.
Wär' sie allein auf sich bedacht,
hätt' er damals nur gelacht.

Aufgeblüht zum zweiten Mal,
wird die Ehefrau zur Qual.
Vergessen wird Gemeinsamkeit,
was einmal war, Vergangenheit!

Nichts blieb von der Liebe Schwur,
der Alltag bracht' sie aus der Spur.
Was sie gemeinsam aufgebaut,
gilt nichts, wird nicht angeschaut.

Die Neue kann darüber lachen
und treiben noch so krumme Sachen,
solange eitel Stolz gestillt,
sieht er nicht, wohin sie schielt.

Denn, wie so oft auf dieser Welt,
den Alten braucht sie für das Geld,
den Jungen für das Herz sie nimmt,
der Alte merkt nichts, ist ja blind.

Zu spät begreift er irgendwann,
dass Jugend er nicht halten kann,
und seine Frau war allemal
für ihn die allerbeste Wahl!

Vom modernen Leben

Manchmal schauen wir zurück
auf das Leben der Vorfahren.
Sehen dann, oh welch ein Glück,
dass wir heut' ein bess'res haben.

Mein Gott, wie mussten diese hausen,
ihr Lebenslauf voll Müh' und Plag!
Vor vielem täte uns heut' grausen,
wie schafften sie das Tag für Tag?

Welch' Gestank hat sie umgeben,
Hygiene, Deos unbekannt.
Ach, was war das für ein Leben,
wie sind die herumgerannt!

Von Körperpflege keine Spur,
schönes Outfit nicht gefragt.
Bekleidung dient der Wärme nur,
Zweckmäßigkeit war angesagt.

Wie war das wohl bei ihrem Küssen?
Wie störend war ihr Mundgeruch?
Was haben sie ertragen müssen?
Das steht wohl in keinem Buch.

Da frag ich mich, wie kann es sein,
dass es heut' noch Menschen gibt?
Ertrugen sie das ganz allein,
weil 's so was wie Liebe gibt?

Wie geht es uns doch heute gut!
Durch Computer, Internet
gibt es eine Wissensflut.
Kein geistig' Mangel mehr besteht.

Körperlich herrscht kaum noch Not.
Nahrung gibt 's im Überfluss.
Dieser wird der Ärzte Brot,
bei uns ist 's mit dem Mangel Schluss.

Was juckt 's uns, wenn in fernen Ländern
in jeder Hinsicht Mangel ist?
Diesen könnten wir wohl ändern,
doch die Wirtschaft dies vermiest.

Unterhaltung gibt 's zuhauf:
Computer, Radio, Fernsehen,
und zu allem obendrauf
brauchst nicht einmal hinaus zu gehen.

Speziell die Kinder schätzen das,
spielen nur Computer drin.
Draußen gab es früher Spaß,
das ist heute nicht mehr in.

Sie haben alles jetzt im Haus,
brauchen kaum Kontakt zu andern.
Mit Computer, Handy, Maus
können sie durch Welten wandern.

Schlecht's geht weg durch einen Klick,
die Wirklichkeit lässt man nicht gelten.
Sie ziehen sich in sich zurück
und träumen dann in ihren Welten.

Und will ein Kind sich unterhalten,
Gott sei Dank gibt 's Telefon.
Du kannst den andern so einschalten,
und Gespräche laufen schon.

Am Handy kann man auch leicht lügen,
weil der Nächste dich nicht sieht.
Oft würde schon ein Blick genügen,
und jeder weiß, wie ihm geschieht.

Wie sollten es die Kinder lernen,
was soziales Leben bringt?
Jeden kannst mit Klick entfernen,
oh, wie einfach das gelingt.

Das gilt nicht nur für die Jungen,
die Alten machen 's ebenso.
Gespräch beenden, schnell gelungen,
„es gibt kein Netz im nirgendwo".

Gespräche werden immer seichter,
die andern kümmern mich kaum mehr.
Der Umgang wird dadurch viel leichter,
den Egoismus freut das sehr.

So kapselt man sich gerne ein
und pflegt das Ego nur.
Lässt die andern, andre sein,
von Nächstenliebe keine Spur.

Und die Technik hilft dabei,
das Glück im „Raum" zu suchen.
Träumen macht das Leben frei,
virtuell kannst Glück du buchen.

Die Familie mich umhegt,
hier fühl ich mich geborgen.
Wen kümmert es, wie 's andern geht,
ich hab' meine Sorgen.

Doch wenn du Hilfe nötig hast,
dann siehst du sehr schnell ein,
für andre bist du nicht nur Last.
Sollt' es so nicht immer sein?

Wann hätte man einmal die Zeit,
die Seel' im Menschen zu ergründen?
Der Leistungsdruck bringt uns so weit,
dass wir die eig'ne Seel' nicht finden.

Die Kinder steckt man in den Hort,
weil man 's selber nicht mehr kann.
Mit den Kindern spielt man dort,
die Eltern schaffen 's Geld heran.

Der neue Mensch hat keine Zeit,
er schafft und hastet immerzu.
Trotzdem glaubt er sich befreit,
doch befreit ist er vom Du.

Einsamkeit kann Gutes bringen,
wenn man auf das Inn're hört.
Du hörst dann deine Seele klingen,
wenn die laute Welt nicht stört.

Schnell verdrängt man dann dabei:
Der Mensch ist doch ein Herdentier!
Und ist er dabei auch nicht frei,
andre Menschen brauchen wir.

Wie gut ist es mit wem zu schwätzen,
auch wenn es manch' Geräte gibt,
die teilweise den Mensch ersetzen.
Doch wirst du vom Gerät geliebt?

Was kann uns eine Zukunft bringen,
wenn nur Technik uns umhüllt?
Wenn wir nach der Liebe ringen
und nichts den Durst der Seele stillt?

Vieles ist heut' nicht mehr trendy:
Man hält den andern auf Distanz.
Spricht mit ihm nur übers Handy,
vergisst dabei den Menschen ganz.

Die Technik Mensch-Sein unterdrückt,
Gefühle sind heut' oft verpönt.
Wir sind vom „Tastendruck" beglückt,
kein Sonnenstrahl das Herz verwöhnt.

Sollte es uns einmal glücken,
dass die Menschheit sich besinnt?
Und wir wieder näher rücken,
und Gemeinsamkeit gewinnt.

Jeder Mensch könnt' so viel geben,
Verständnis, Mitgefühl und Liebe.
Wie viel schöner wär' das Leben,
wenn mehr Menschlichkeit verbliebe.

Wie entschieden sich die Alten:
Für Technik oder Herzenslicht?
Nur Gemeinschaft kann doch halten,
was die Technik uns verspricht.

Sie verspricht uns jedes Glück,
sie erleichtert auch das Leben.
Doch kann sie nur ein kleines Stück
von wahrer Liebe geben?

Von den Jahreszeiten

Der Frühling

Wie schrieb ein großer Dichter nur,
wieder stimmt 's zu unser'm Glück:
Vom Eise befreit sind Wald und Flur... ,
das Eis floh ins Gebirg' zurück.

Der Winter büßt die Stärke ein,
vorbei ist seine eis'ge Macht.
Stärker wird der Sonne Schein,
wenn sie über 'n Winter lacht.

Nun erwacht ein neues Leben
schon bevor der Schnee zerrinnt,
wird der Frühling kraftvoll geben,
dass bald alles neu beginnt.

Das erste Schlüsselblümchen blüht,
die Pflanzen zeigen ihre Kraft.
Oh, wie die Natur sich müht,
dass sie Auferstehung schafft.

Ein Wunder ist es jedes Jahr,
wie das Leben wiederkehrt.
Wie Gott so einfach wunderbar
hier seine Gunst gewährt.

Er hilft dabei nicht nur den Pflanzen,
auch Tieren, Menschen steht er bei.
Viele lassen ihre „Ranzen",
von alten Lasten werden s' frei.

Nicht nur Körperliches weicht.
Die Sonne schleicht sich ins Gemüt,
wo sie alles Schlechte streicht,
auf dass Hoffnung neu erblüht.

Diese ganz das Herz erfüllt,
gibt Kraft, das Leben neu zu starten.
Nur Positives uns umhüllt
in unser'm Seelengarten.

Nehmt als Beispiel die Natur,
wie sie alles neu aufbaut.
Jedoch gelingt euch dieses nur,
wenn ihr auch auf Gott vertraut.

Der Sommer

Der Sommer schenkt uns seine Wärme,
die Sonne hat nun höchste Kraft.
Wir hoffen, Trockenheit bleibt ferne,
die die Ernte uns wegrafft.

Ist die Sonne auch ein Segen,
manchmal meint sie es zu gut.
Wir können uns oft kaum noch regen,
ersticken fast in ihrer Glut.

Die Haut verbrennt, oh gib nur Acht,
mit Creme musst du sie schützen,
sonst kannst du manche lange Nacht
nur auf dem Bette sitzen.

Nur wenig Zeit bleibt auszuruh'n,
sich faul der Sonne hinzugeben.
Vieles wäre noch zu tun
vorsorglich für das Leben.

Für uns ist nun die beste Zeit,
für den Winter vorzusorgen.
Denn dieser ist gar nicht so weit,
scheint er jetzt auch noch verborgen.

Bedächtig nütze deine Tage,
solange du noch kräftig bist.
Werke, schaffe, scheu nicht Plage,
wenn 's auch manchmal dich verdrießt.

Schneller als du wagst zu denken,
baust du deine Kräfte ab.
Dann haben andere das Lenken
und schieben dich ganz einfach ab.

Was im Sommer wir versäumen,
lässt sich später kaum aufholen.
Im Winter können wir dann träumen
von dem, was wir uns selbst gestohlen.

Des Lebens Berg ist nun erklommen,
wir sind voll Kraft und Lebensmut.
Nun, auf dem Gipfel angekommen,
tut eine Rast uns gut.

Herr, für alles woll'n wir danken,
für die Kraft, die uns gegeben.
Für Deine Liebe ohne Schranken,
so schaffen wir das Leben.

Der Herbst

Es schleicht der Herbst sich in das Land.
Was hat die Schwalben denn bewogen,
dass sie auf einmal kurzerhand
sind in den Süden abgeflogen?

Vorüber ist die große Hitze,
besser fühlt sich Jung und Alt.
Wir finden dieses Wetter spitze,
sind auch die Nächte manchmal kalt.

Die Ernte großteils eingebracht,
die Speicher sind randvoll,
auf dass dann in des Jahres Nacht
niemand darben soll.

Die Natur, sie zieht zurück
aus den Blättern Chlorophyll.
Dabei entsteht so Stück für Stück
ein schönes Farbenspiel.

Auf dass ein jeder sehen kann:
Rückzug ist nicht immer schlecht.
Erst haderst du, bald siehst du dann:
Wie es ist, so ist es recht.

Der Mensch, durch Arbeit situiert,
muss das Tempo nicht mehr halten.
Das Lebenswerk ist installiert,
lass' nun die Jugend walten.

Streicht der Herbst dir übers Haupt,
lass es einfach nur gescheh'n.
Bist auch der Jugend nun beraubt,
Liebe, Hoffnung bleib'n besteh'n.

Altweibersommer bricht herein
mit milden, sanften Tagen.
Wandern kannst und obendrein
hast Zeit, die Seele zu befragen.

Der Herbst zeigt seine schönen Seiten,
wenn der Nebel sich verzieht,
schweift dein Blick durch ferne Weiten,
vieles man dann klarer sieht!

Deshalb hat man früher schon
die Alten hoch geschätzt:
Erfahrung ist des Alters Lohn,
und Weitsicht nicht zuletzt.

Diese glaubt man leicht zu missen,
guter Rat ist nicht gefragt.
Will man heute etwas wissen,
man lieber den Computer plagt.

Die Alten werden zum Ballast,
ein Klotz an manchem Bein.
Die Jungen haben Eile, Hast,
die Alten 's Altenheim.

Die Großfamilie war ein Segen:
Zur Arbeit mussten Eltern raus,
da kam es diesen sehr gelegen,
hüten die „Alten" Kind und Haus.

Hoffentlich trifft der Spruch ein:
Alles immer wiederkehrt.
Neues sollte besser sein
als das, was altbewährt!?

Der Winter

Es tritt der kalte Winter ein,
erstarrt sind Bach und Feld.
Schwach nur wärmt der Sonne Schein,
zu flach ihr Strahl einfällt.

Du ziehst dich in dein Haus zurück,
Brennstoff ist schon eingelagert.
Der Ofen frisst nun Stück für Stück,
dein Vorrat rasch abmagert.

Und manches Mal auch über Nacht
wird vieler Hoffnung nun gestillt.
Von oben kommt die weiße Pracht,
die alles sorgsam, weich einhüllt.

Behutsam deckt sie alles zu,
gibt Schutz vor Kält' und Frost.
Die Erde gönnt sich eine Ruh',
spart Kraft, doch sei getrost.

Im Frühjahr wird das Eis gesprengt.
Sorge dich deswegen nicht,
dass Dunkelheit uns nun umfängt,
das neue Leben bringt uns Licht.

Wenn auch der Winter uns im Leben
die Schaffenskraft beinahe streicht,
wir können trotzdem weiter streben,
wir hab'n das Ziel noch nicht erreicht.

Nur Gott bestimmt, wann deine Zeit
zum Geh'n gekommen ist.
Flüchtest selbst, glaubst dich befreit,
du irrst, nicht fertig bist.

Zupft uns einst der Herr des Lebens,
„klopf deinen Hobel aus"!
Dann wehr' dich nicht vergebens,
du gehst doch nur nach Haus!

So wirst du endlich auch versteh'n,
was Gott hier von uns allen will,
wir dürfen ja hinüber geh'n,
hier ist der Weg, dort das Ziel!